Impressum
Verlag: BABADADA GmbH, Nedderfeld 112 , 22529 Hamburg
Geschäftsführer / Verlagsleitung: Harald Hof
Druck: Books on Demand GmbH, In de Tarpen 42, 22848 Norderstedt

Imprint
Publisher: BABADADA GmbH, Nedderfeld 112 , 22529 Hamburg, Germany
Managing Director / Publishing direction: Harald Hof
Print: Books on Demand GmbH, In de Tarpen 42, 22848 Norderstedt

ቤት-ትምህርቲ

學校

ክፍሊ ክላስ
教室
除
186/2
黑板
ቀጽሪ ቤት-ትምህርቲ
መምህር
老師
ወረቐት
紙
書寫
መጽሓፊ
筆
ጣውላ ምጽሓፍ
辦公桌
መስመር
直尺
መጽሓፍ
書
ተመሃራይ
學生

ሳንጣ ትምህርቲ

書包

ስፈር ብርዒ

鉛筆盒

ርሳስ

鉛筆

መብልሒ ርሳስ

削鉛筆機

መደምሰሲ

橡皮擦

ጥራዝ ስእሊ

畫板

2 ቤት-ትምህርቲ - 學校

ስእሊ

圖畫

ብርዒ ቀለም

畫筆

ቦክስ ቀለም

顏料盒

መቐስ

剪刀

መጣበቒ

膠水

ጥራዝ መላመዲ

練習冊

ዕዮ ገዛ

家庭作業

ቁጽሪ

數字

ወሰኸ

加

ጎደለ

減

ረብሐ

乘

ደመረ

計算

A

ፊደል

字母

ABCDEFG
HIJKLMN
OPQRSTU
VWXYZ

ስርዓት ፊደላት

字母表

hello

ቃል

字

ጽሑፍ

課文

ኣንበበ

讀

ኩርሽ

粉筆

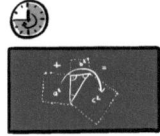

ሰዓት

上課

መዝገብ ክላስ

登記

መርመራ

考試

ሰርቲፊኬት

證書

ድቢዛ ቤትትምህርቲ

校服

ትምህርቲ

教育

ለክሲኮን

百科全書

ዩኒቨርሲቲ

大學

ሚክሮስኮፕ

顯微鏡

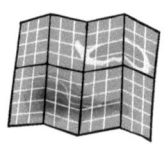

ካርታ

地圖

ጉሓፍ ወረቐት

廢紙簍

መቐበሊ ኣጋይሽ
飯店
ሆስተል
青年旅社
ቦታ ቅያር ገንዘብ
外幣兌換處
ባሊጃ
手提箱
መኪና
汽車

ቋንቋ

語言

እወ / ኖ

是/否

ሕራይ

好的

ሰላም

您好

ኣስተርጓሚ

翻譯人員

የቐንየለይ

謝謝

. . . ክንደይ ዋግኡ?

....

……多少錢？

ኣይተረድኣኹን

....

我不明白

ሽግር

....

問題

ሰላም ምሸት!

....

晚上好！

ከመይ ሓዲርካ

....

早上好！

ሰላም ለይቲ

....

晚安！

ደሓን ኩን

....

再見

ኣንፈት

....

方向

ጉዓዝ

....

行李

ሳንጣ

....

包

ሳንጣ ሕቆ

....

背包

ጋሻ

....

客人

ክፍሊ

....

房間

ክሻ መደቀሲ

....

睡袋

ቴንዳ

....

帳篷

ሓበሬታ በጻሕቲ ሃገር

旅行資訊

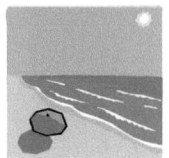

ገምገም ባሕሪ

海灘

ክሬዲት ካርድ

信用卡

ቁርሲ

早餐

ምሳሕ

午餐

ድራር

晚餐

ቲከት

票

ሊፍት

電梯

ማሕተም ደብዳበ

郵票

ዶብ

邊界

ድጓና

海關

ኣምበሲ

大使館

ቪዛ

簽證

ፓስፖርት

護照

ነፋሪት
飛機 ▶

መርከብ
▶ 船

መኪና መጥፍኢ
ሓዊ
消防車

ናይ ድዕነት መኪና
卡車

አው.ቶቡስ
公車

ጃልባ ሞቶር
汽艇

ብሽግሊታ
腳踏車

መኪና
汽車

ፈሪ
渡輪

ጃልባ
小船

ሞቶ
機車

መኪና ፖሊስ
警車

መኪና ቅድድም
賽車

ክራይ መኪና
租車

ምውፋይ መካይን

拼車

መወሰዲ መኪና

拖車

መኪና ጎሓፍ

垃圾車

ሞቶር

馬達

ነዳዲ

汽油

እንዳ ነዳዲ

加油站

ምልክት ትራፊክ

交通標識

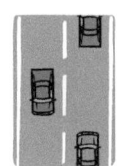

ትራፊክ

交通

ምጭቕጫቕ ትራፊክ

交通堵塞

መዕሸጊ መኪና

停車場

መዕረፊ ባቡር

火車站

ሓዲግ

軌道

ባቡር

火車

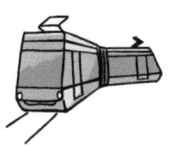

ትረም

路面電車

ባጎኒ

客車廂

ሄሊኮፕተር

直升機

መዓረፎ ነፈርቲ

機場

ታወር

塔

ተጐዓዚ

乘客

ኮንተይነር

集裝箱

ሳንዱቕ ካርቶን

紙板箱

ኮርሳ ጽዕነት

手推車

ዘንቢል

籃子

ተበገሰ / ዓለበ

起飛/降落

ከተማ
城市

ቍሸት

村莊

ማእከል ከተማ

市中心

ገዛ

房子

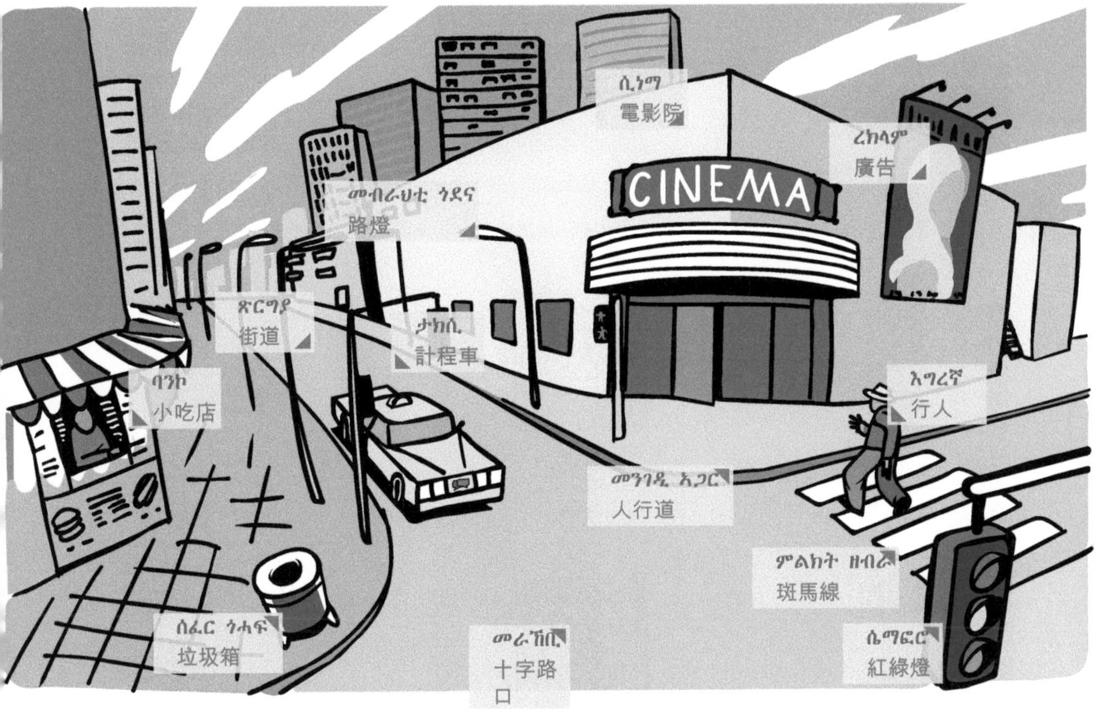
ሲነማ
電影院
CINEMA
ረክላም
廣告
መብራህቲ ጎደና
路燈
ጽርግያ
街道
ታክሲ
計程車
ባንኮ
小吃店
እግረኛ
行人
መንገዲ እጋር
人行道
ምልክት ዘብራ
斑馬線
ሰፈር ጎሓፍ
垃圾箱
መራኸቢ
十字路口
ሴማፎር
紅綠燈

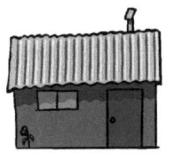

አጉዶ

小屋

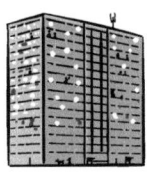

አፓርትመንት

公寓

መዕረፊ ባቡር

火車站

ቤት ምምሕዳር

市政廳

MUSEUM

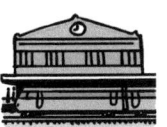

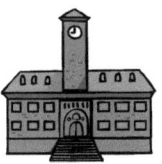

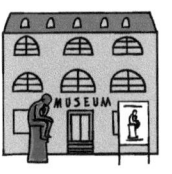

ቤተ መዘክር

博物館

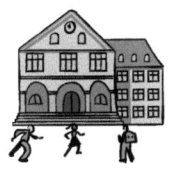

ቤት-ትምህርቲ

學校

ዩኒቨርሲቲ

大學

ባንክ

銀行

ሆስፒታል

醫院

መቐበሊ ኣጋይሽ

飯店

ቤት መድሃኒት

藥房

ቤት ጽሕፈት

辦公室

ዱኳን መጽሓፍቲ

書店

ዱኳን

商店

ዱኳን ዕንባባ

花店

ሱፐርማርከት

超市

ዕዳጋ

市場

ሹቕ

百貨商店

ነጋዳይ ዓሳ

魚店

ሹቕ

購物中心

መርሳ

海港

መዘናግዒ

公園

ባንኪ

長凳

ድልድል

橋

መደያይቦ

樓梯

ባቡር ትሕቲ ምድሪ

捷運

ቢንቶ

隧道

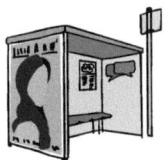

መዕረፊ አውቶቡስ

公車站

ቤት መስተ

酒吧

ቤት-መግቢ

餐館

ሰታሪት

郵筒

ታቤላ

路標

ሰዓት ፓርኪንግ

停車計時器

መካነ እንስሳታት

動物園

መሓምበሲ

游泳池

መስጊድ

清真寺

ቤት ሕርሻ

農場

ብከላ

污染

መቓብር

墓地

ቤተክርስትያን

教堂

ቦታ ምጽዋት

操場

ቤት መቕደስ

寺廟

ስእሊ መሬት

地形

樹葉
መሕበሪ መገዲ
指示牌
መገዲ
路
草地
እምኒ
石頭
ኮብላሊ
徒步旅行者
ኣግራብ
樹
ፈለግ
河
ሰዓሪ
草
ዕንባባ
花

ስንጭሮ

峡谷

ጎቦ

丘陵

ቀላይ

湖

ዱር

森林

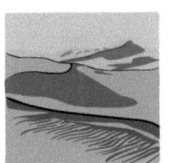

ምድረ በዳ

沙漠

እሳተ-ጎመራ

火山

ግምቢ

城堡

ቀስተ-ደመና

彩虹

ቃንጥሻ

蘑菇

ዓርኮብኮባይ

棕櫚樹

ጣንጡ

蚊子

ሃመማ

蒼蠅

ጻጸ

螞蟻

ንህቢ

蜜蜂

ሳሬት

蜘蛛

ሕንዚዝ

甲蟲

ዕንቅርዖብ

青蛙

ምጽጹላይ

松鼠

ቅንፍዝ

刺蝟

ማንቲለ

野兔

ጉንጓ

貓頭鷹

ጭሩ

鳥

ስዋን

天鵝

መፍለስ

野豬

ዓጋዘን

鹿

ሙስ

麋鹿

ግድብ

水壩

ተርባይን ንፋስ

風力發電機

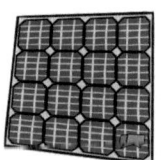

ሶላር ስርሓት

太陽能電池板

ኩነታት ኣየር

氣候

ቤት-መግቢ

餐館

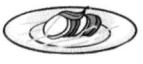

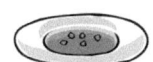

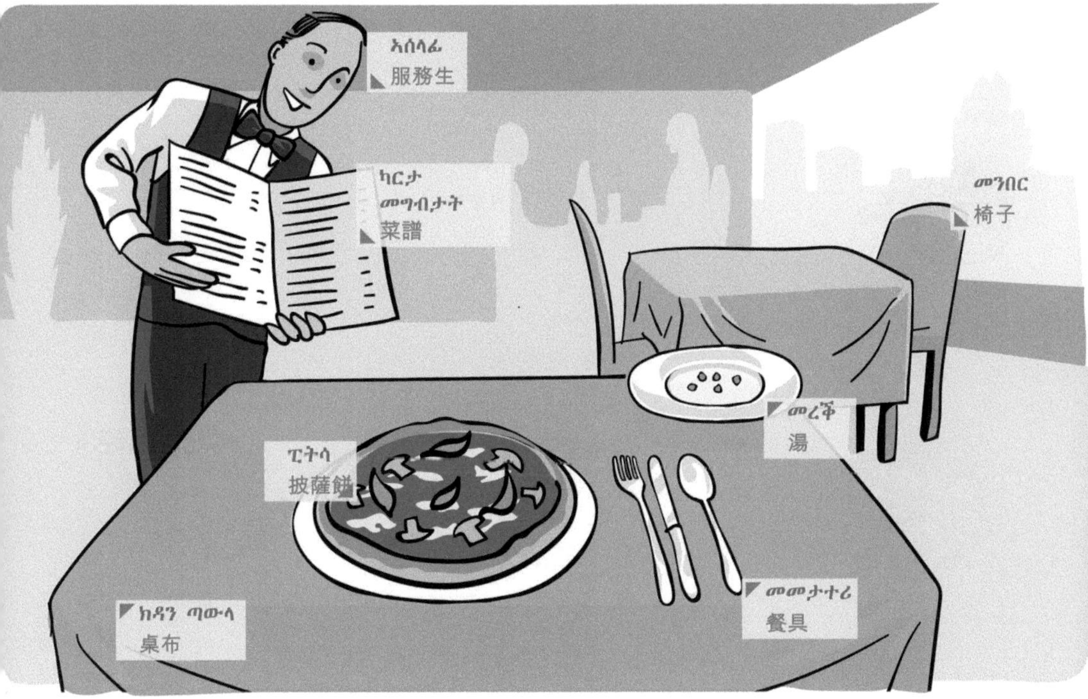

ኣሰላፊ
服務生
ካርታ
መግብታት
菜譜
መንበር
椅子
መረቕ
湯
ፒትሳ
披薩餅
ክዳን ጣውላ
桌布
መመታትሪ
餐具

ቅድመ ቀንዲ መግቢ

前菜

ቀንዲ መኣዲ

主菜

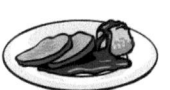

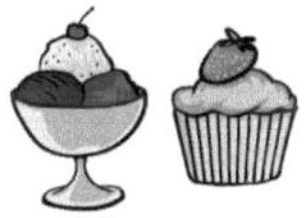

ድሕረ መግቢ

甜點

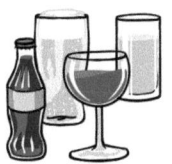

መስተ

飲料

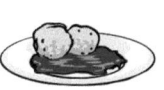

መግቢ

食物

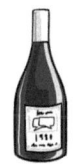

ጥርሙዝ

瓶子

ስሉጥ መግቢ

速食

መግቢ ጽርግያ

街邊小吃

ብርጭቆ ሻሂ

茶壺

ታኒካ ሽኮር

糖盒

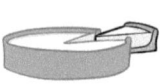

ክፋል

一份飯菜

ማሺን ኤስፕረሶ

義式咖啡機

ነዊሕ መንበር

高腳椅

ጸብጻብ

帳單

ታብለት

托盤

ካራ

刀

ፋርኪታ

餐叉

ማንካ

勺子

ማንካ ሻሂ

茶匙

ሰርቪየተ

餐巾

ብኬሪ

玻璃杯

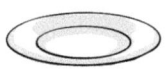

ሻሓኒ

碟子

ሻሓኒ መረቕ

湯盤

ትሕቲ ኩባያ

碟子

ጸብሒ

醬

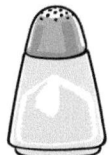

ወሃቢ ጨው

鹽瓶

መጥሓን በርበረ

胡椒研磨罐

ኣቸቶ

醋

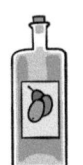

ዘይቲ

食用油

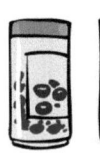

ቀመም

調味料

ከቹፕ

番茄醬

ኣድሪ

芥末

ማዮኒዝ

美乃滋

ወፈያ
特價
FOR
ዓሚል
顧客
ፍርያታት ጸባ
乳製品
ፍረታት
水果
ሰረገላ ዱኳን
購物車

እንዳ ስጋ

肉鋪

እንዳ ባኒ

麵包店

ክብደት

稱重

ኣሕምልቲ

蔬菜

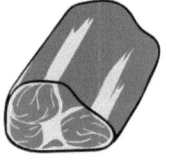

ስጋ

肉

መግቢ ፍሪጅ በረድ

冷凍食品

ዝሑል ቅሩብ መግቢ

冷盤

እስቃጥላ

罐頭食品

ኣሞ

洗衣粉

ምቁር መግቢ

甜食

ዘቤታውያን ኣቕሑ

日用品

ናውቲ መጸረዩ

清潔用品

ሸቃጣይ

銷售員

ካሳ

收銀機

ተሓዝ ገንዘብ

收銀員

ዝርዝር ምግዛእ

購物清單

ክፉት ሰዓታት

開放時間

ማሕፉዳ

錢包

ክረዲት ካርድ

信用卡

ሳንጣ

袋子

ፌስታል

塑膠袋

መስተ
飲料

ማይ

水

ጽማቕ

果汁

ጸባ

牛奶

ኮላ

可樂

ነቢት

紅酒

ቢራ

啤酒

ኣልኮል

酒

ካካው

可可

ሻሂ

茶

ቡን

咖啡

ኤስፕረሶ

義式濃縮咖啡

ካፑቺኖ

卡布奇諾

ባናና

香蕉

ቱፋሕ

蘋果

ኣራንሺ

柳丁

ብርጭቕ

西瓜

ለሚን

檸檬

ካሮት

胡蘿蔔

ጻዕዳ ሽጉርቲ

大蒜

ባምቡስ

竹子

ሽጉርቲ

洋蔥

ቅንጥሻ

蘑菇

ፉል

堅果

ፓስታ

麵條

ስፓገቲ

義大利麵

ሩዝ

米飯

ሰላጣ

沙拉

ቅልዋ ድንሽ

薯條

ቅሉው ድንሽ

炸馬鈴薯

ፒትሳ

披薩餅

ሃምቡርገር

漢堡

ፓኒኖ

三明治

ቢስተካ

炸豬排

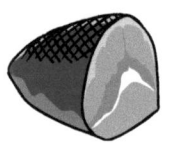

ሰለፍ ሓሰማ

火腿

ሳላሚ

義大利臘腸

ግዕዝም

香腸

ደርሆ

雞肉

ቀለወ

烤肉

ዓሳ

魚

ገዓት

燕麥片

ሙስሊ

木斯里

ኮርንፍለይክስ

玉米片

ሓርጭ

麵粉

ክሮሶን

牛角麵包

ባኒ

麵包捲

ባኒ

麵包

ቶስት

吐司

ብሽኮቲ

餅乾

ጠስሚ

奶油

ርግኦ

凝乳

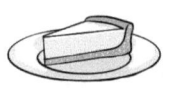

ፓስተ

蛋糕

እንቋቑሖ

蛋

ቅሉው እንቋቑሖ

煎蛋

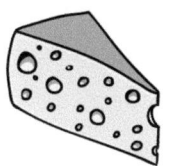

ፋርማጆ

起司

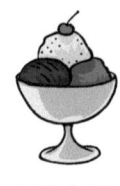

ኣይስ ክሪም

冰淇淋

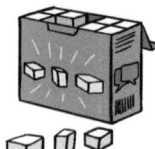

ሽኮር

糖

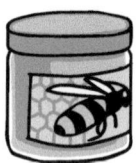

መዓር

蜂蜜

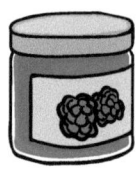

ጀም

果醬

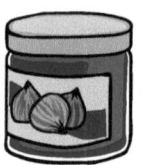

ኑጋት-ክረም

巧克力醬

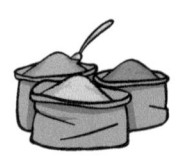

ኩሪ

咖哩

ቤት ሕርሻ

農場

መኽዘን
糧倉
ሓሰር ቦንዳ
稻草捆
ግራት
田野
ፈረስ
馬
ተስሓቢ
拖車
ትራክተር
拖拉機
ዒሉ
馬駒
驢
በጊዕ
羊
ዕየት
羔羊

ጤል

山羊

ብዕራይ

奶牛

ምራኽ

小牛

ሓሰማ

豬

ውላድ ሓሰማ

小豬

ኣርሓ

公牛

ዓዓ

鵝

ማይ ደርሆ

鴨

ጫቑት

小雞

ደርሆ

母雞

ኣርሓ ደርሆ

公雞

ኣንጨዋ ዓባይ

鼠

ድሙ

貓

ኣንጭዋ

老鼠

ብዕራይ

牛

ከልቢ

狗

ኣጉዶ ከልቢ

狗屋

ቱባ ጀርዲን

花園澆水軟管

መዝፈፊ ማይ

澆水壺

ዓቢ ማዕጺድ

長柄大鐮刀

ማሕረሻ

犁

ማዕጺድ
....
鐮刀

ጭዃሮ
....
鋤頭

መስአ
....
長柄草耙

ፋስ
....
斧頭

ዓረብያ ኢድ
....
獨輪手推車

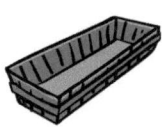

ጋብላ
....
飼料槽

ብርጭቆ ጸባ
....
牛奶罐

ከሻ
....
麻布袋

ሓጹር
....
柵欄

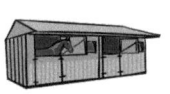

መንሰስ
....
馬廄

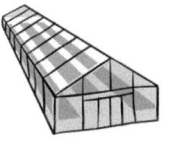

ቆጠልያ ገዛ
....
溫室

ባይታ
....
土壤

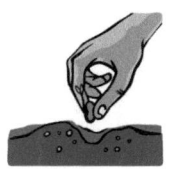

ዘርኢ
....
種子

ድኹዒ
....
肥料

ዘጣምር ቀውዓይ
....
聯合收割機

ቤት ሕርሻ - 農場

29

ቀውዕ

收割

ጻማ

收割

ድንሽ ያም

地瓜

ስርናይ

小麥

ሶያ

大豆

ድንሽ

土豆

ዕፉን

玉米

ራፕስ

油菜籽

ገረብ ፍረታት

果樹

ማኒኦክ

樹薯

ኣእኻል

穀物

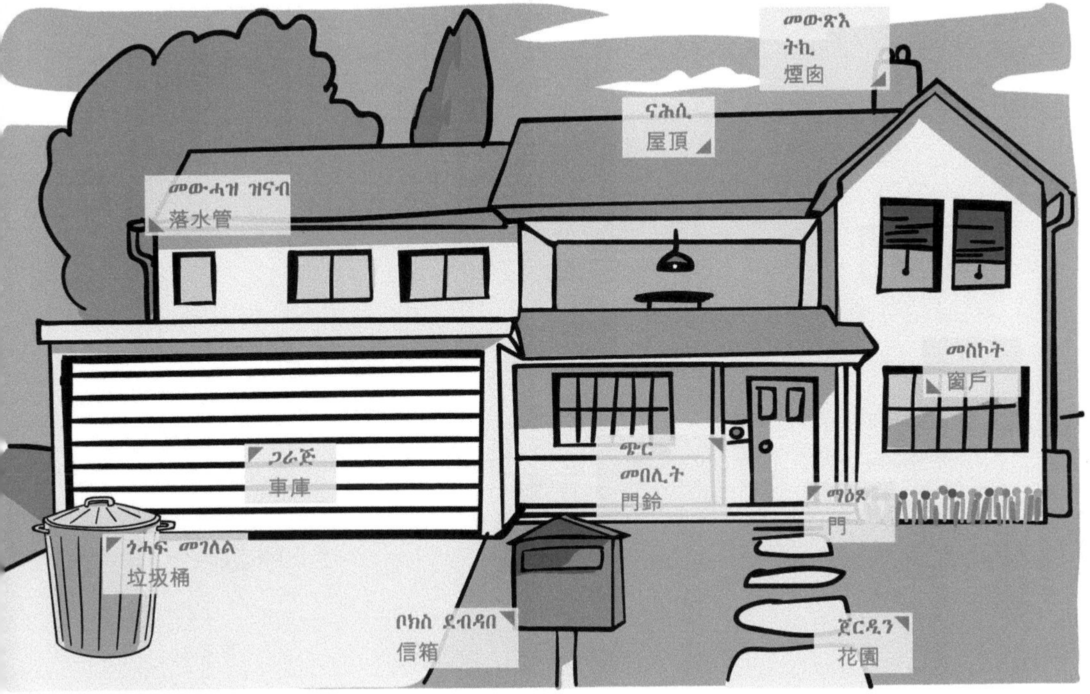

መውጽእ ትኪ
煙囪
ናሕሲ
屋頂
መውሓዝ ዝናብ
落水管
መስኮት
窗戶
ጋራጅ
車庫
ጭር መበሊት
門鈴
ማዕጾ
門
ጉሓፍ መገለሊ
垃圾桶
ቦክስ ደብዳበ
信箱
ጀርዲን
花園

ክፍሊ ምቕማጥ

客廳

ክፍሊ ባንዮ

浴室

ክሽነ

廚房

ክፍሊ መደቀሲ

臥室

ክፍሊ ቆልዑ

兒童房

መመገቢ ክፍሊ

餐廳

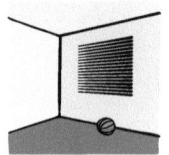

ባይታ

地板

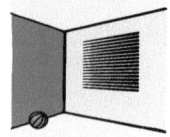

መንደቕ

牆壁

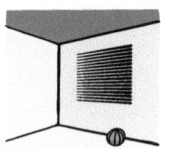

ከቦርታ

天花板

ካንቲና

地窖

ሳውና

三溫暖

ባልኮን

陽臺

ዛላ

露臺

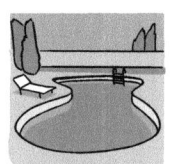

መሕምበሲ

游泳池

መቑረጺ ሳዕሪ

割草機

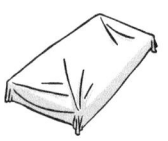

ኣንሶላ ዓራት

被單

ከቦርታ ዓራት

床罩

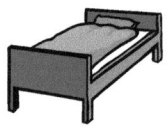

ዓራት

床

መኾስተር

掃帚

መገለል

水桶

መወልዒት

開關

ክፍሊ ምቕማጥ

客廳

ወረቐት መንደቕ
壁紙
ስእሊ
相片
ላምፓ
檯燈
ከብሒ
擱架
ከብሒ
櫥櫃
ተለቪዥን
電視
መውጽኢ ትኪ ኣብ ገዛ
壁爐
ዕንባባ
花
መተርኣስ
墊子
ሳሎን
沙發
ባዞ
花瓶
ሪሞት
遙控器

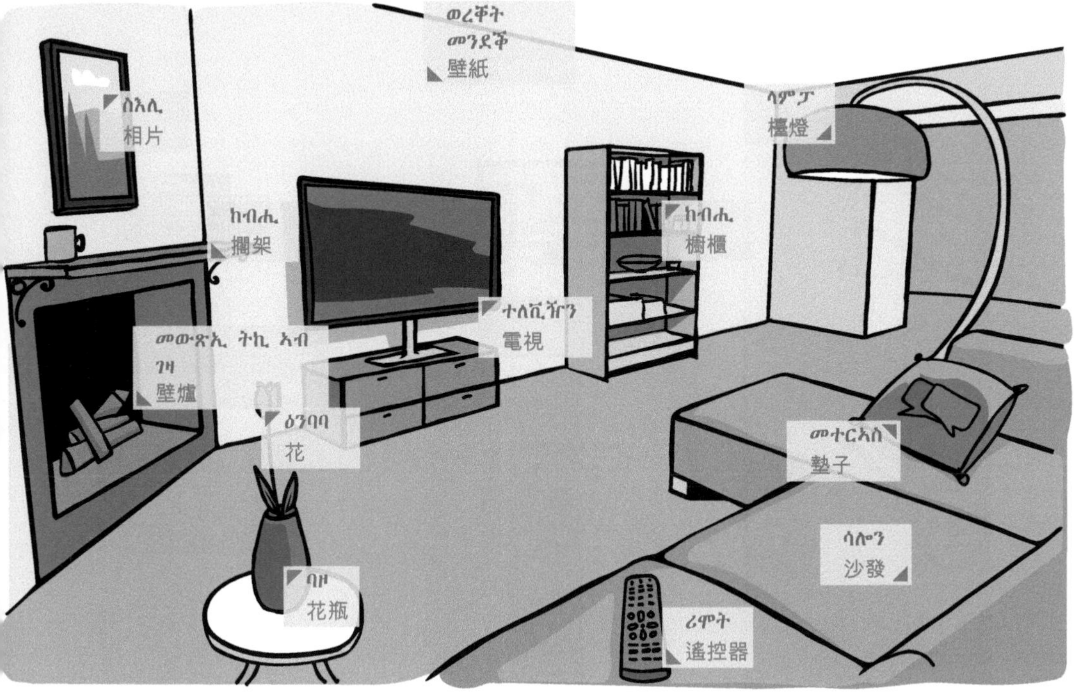

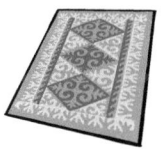

መንጸፍ

地毯

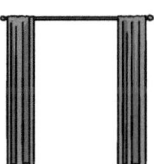

መጋረጃ

窗簾

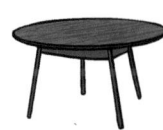

ጣውላ

餐桌

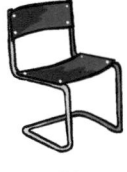

መንበር

椅子

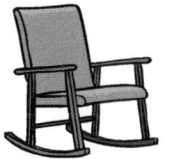

ሰለል ዝብል መንበር

搖椅

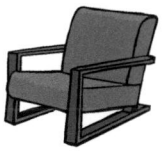

መንበር ምቹእ

扶手椅

መጽሓፍ

書

ከቦርታ

毯子

ስልማት

裝飾品

እንጨይቲ ሓዊ

木柴

ፊልም

電影

ስተረዮ

高傳真音響

መፍትሕ

鑰匙

ጋዜጣ

報紙

ቕብኣ

油畫

ፖስተር

海報

ረድዮ

收音機

ጥራዝ

筆記本

መልገሲ ደሮና

吸塵器

በለስ

仙人掌

ሽምዓ

蠟燭

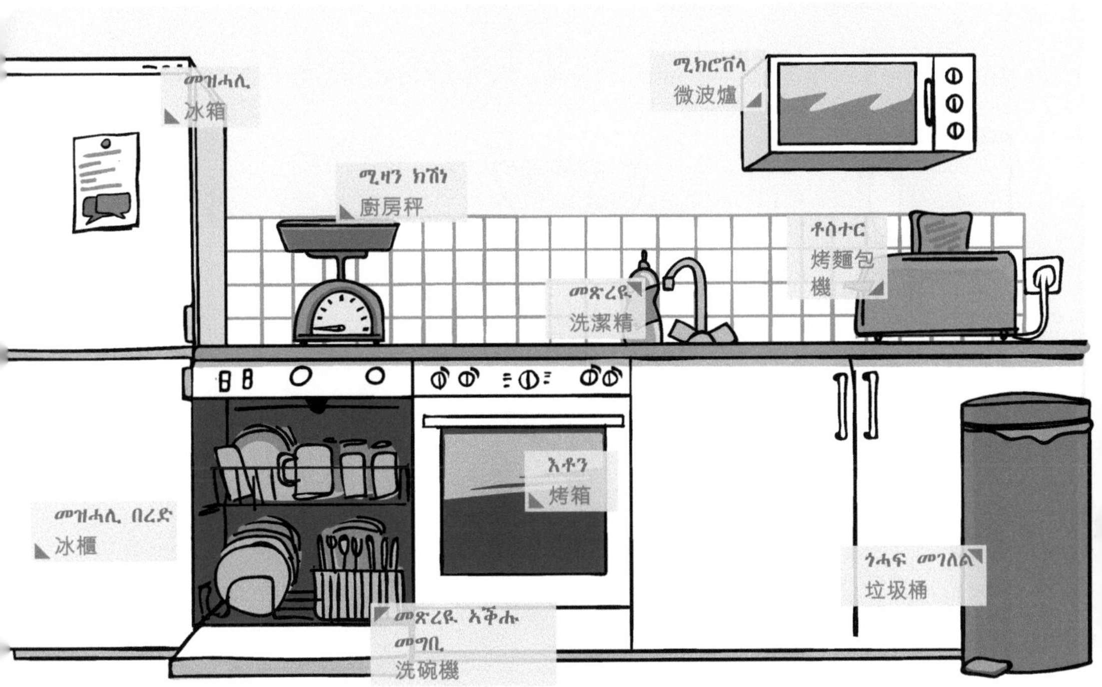

廚房

መዝሓሊ
冰箱
微波爐
ሚዛን ክሽነ
廚房秤
ቶስተር
烤麵包機
洗潔精
እቶን
烤箱
መዝሓሊ በረድ
冰櫃
ጎሓፍ መገለሊ
垃圾桶
洗碗機

መኽሸኒ

炊具

ድስቲ

鍋

ድስቲ ሓጺን

鑄鐵鍋

ቮክ/ካዳይ

炒鍋

ባደላ

平底鍋

መውዓዪ ማይ

水壺

መፍልሒ

蒸鍋

ጓንቴራ ምስንካት

烤盤

ኣቑሑ መግቢ

陶瓷鍋

ብርጭቆ

馬克杯

ጮሖሎ

碗

ማንካቺና

筷子

ማንካ መረቕ

長柄勺

መገልበጢ ባደላ

鏟子

መኾስተር ውርጪ

攪拌器

መንፊት መግቢ

濾網

መንፊት

篩子

መፋሕፍሒ

磨碎機

ሞርታር

研缽

ባርቢክዩ

燒烤

ስፍራ ሓዊ

明火

እንጨይቲ ምምታር

菜板

እንጨይቲ ኰረር

擀麵杖

መኽፈት ቡሽ

開瓶器

ታኒካ

罐子

መኽፈቲ ታኒካ

開罐器

ጨርቂ ድስቲ

隔熱手套

ቡምባ

水槽

ኣስባስላ

刷子

ሰፍነግ

海綿

ሓዋሲ ኣደባላቒ

攪拌機

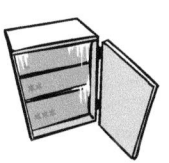

መዝሓሊ በረድ

冷藏箱

ጥርሙዝ ማማይ

奶瓶

ቡምባ ማይ

水龍頭

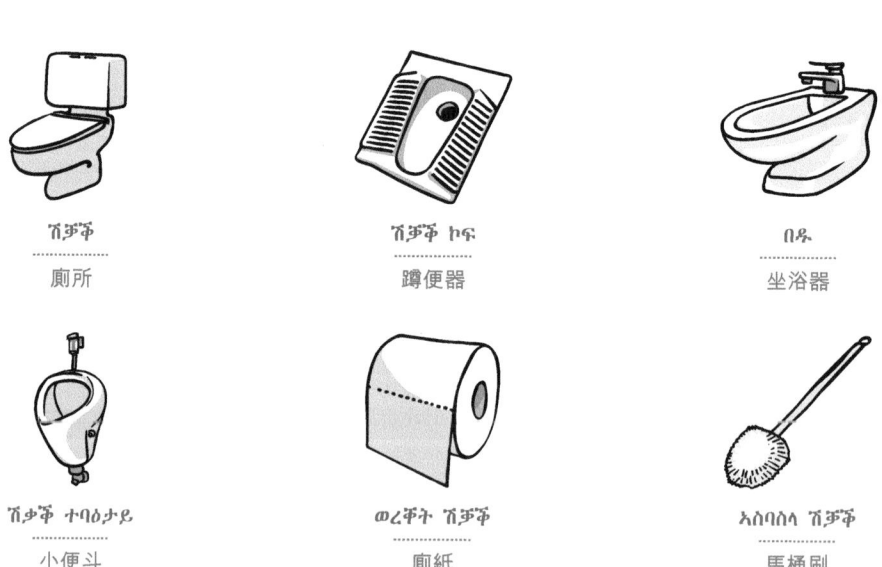

ክፍሊ ባንዮ
浴室

መውዓዪ
供暖裝置
ሽጎማኖ
毛巾
መሕጸቢ ሻወር
淋浴
ሻወር መጋረጃ
浴簾
መሕጸቢ ዓፍራ
泡沫浴
ባንዮ መሕጸቢ
浴缸
ሓጻቢት
洗衣機
ብኬሪ
玻璃杯
ቡምባ ማይ
水龍頭
ማቶነላ
瓷磚
ድስቲ
便壺
ቡምባ
水槽

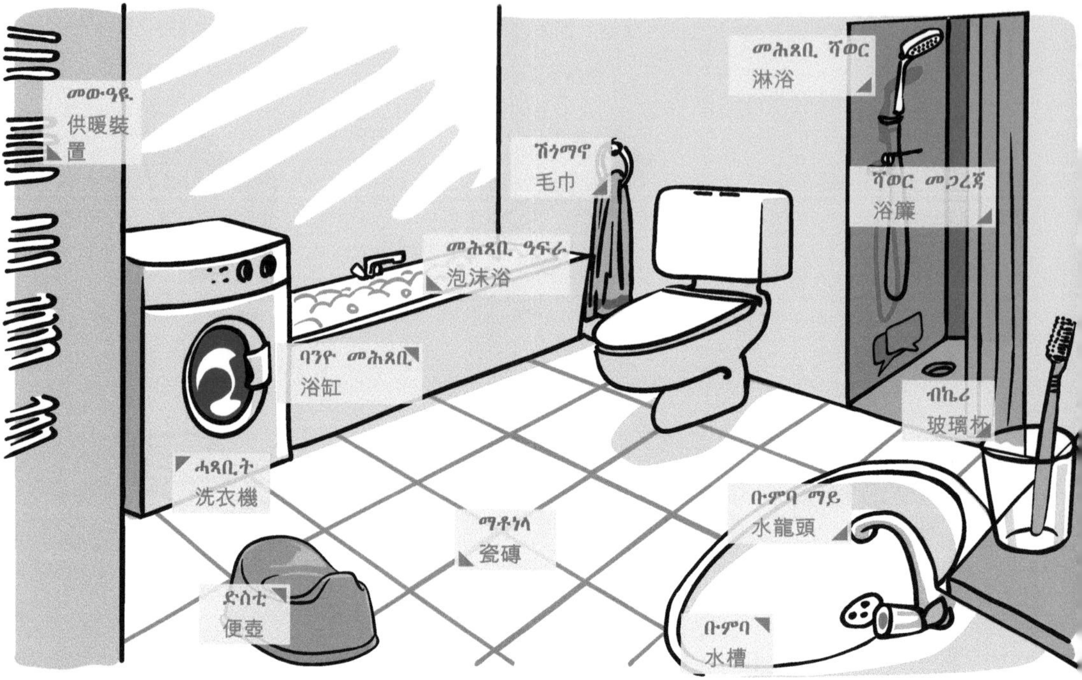

ሽቓቕ

廁所

ሽቓቕ ኮፍ

蹲便器

በዱ

坐浴器

ሽቃቕ ተባዕታይ

小便斗

ወረቐት ሽቓቕ

廁紙

ኣስባስላ ሽቓቕ

馬桶刷

ኣስባስላ ስኒ

牙刷

ክረማ ስኒ

牙膏

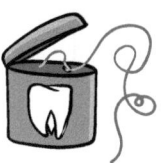

ሃሪ ስኒ

牙線

ሓጸበ

洗

ዱሽ ኢድ

手持式蓮蓬頭

ዱሽ

沖洗器

ብርጭቆ ምሕጻብ

洗臉盆

ኣስባስላ ሕቖ

洗背刷

ሳምና

肥皂

ሻወር ጀል

沐浴露

ሻምፑ

洗髮乳

ጨርቂ መሕጸቢ

法蘭絨

መውሓዚ

排水

ክረማ

乳霜

ደዮ ጨና

除臭劑

መስትያት

鏡子

ናይ ኢድ መስትያት

手鏡

መላጸ

刮鬍刀

ዓፍራ ምልጻይ

刮鬍泡沫

ጨና ድሕሪ ምልጻይ

鬚後水

መመሸጢ

梳子

ኣስባስላ

刷子

መንቐጺ ጸጉሪ

吹風機

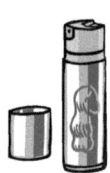

ስፕረይ ጸጉሪ

噴髮定型劑

መመላኽዒ

化妝品

ብርዒ ቀለም ከንፈር

唇膏

ኣዝማልቶ

指甲油

ጸምሪ ጡጥ

化妝棉

መስደዲ ጽፍሪ

指甲剪

ጨና

香水

ሳንጣ መሕጸቢ

洗漱包

ድኳ

凳子

ሚዛን

計重秤

ክዳን መሕጸቢ

浴袍

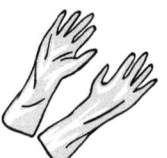

ጓንቲ መጸረዪ

橡膠手套

ታምፖን

衛生棉條

ጨርቂ ሰበይቲ

衛生棉

ሽቓቕ ከሚስትሪ

化學廁所

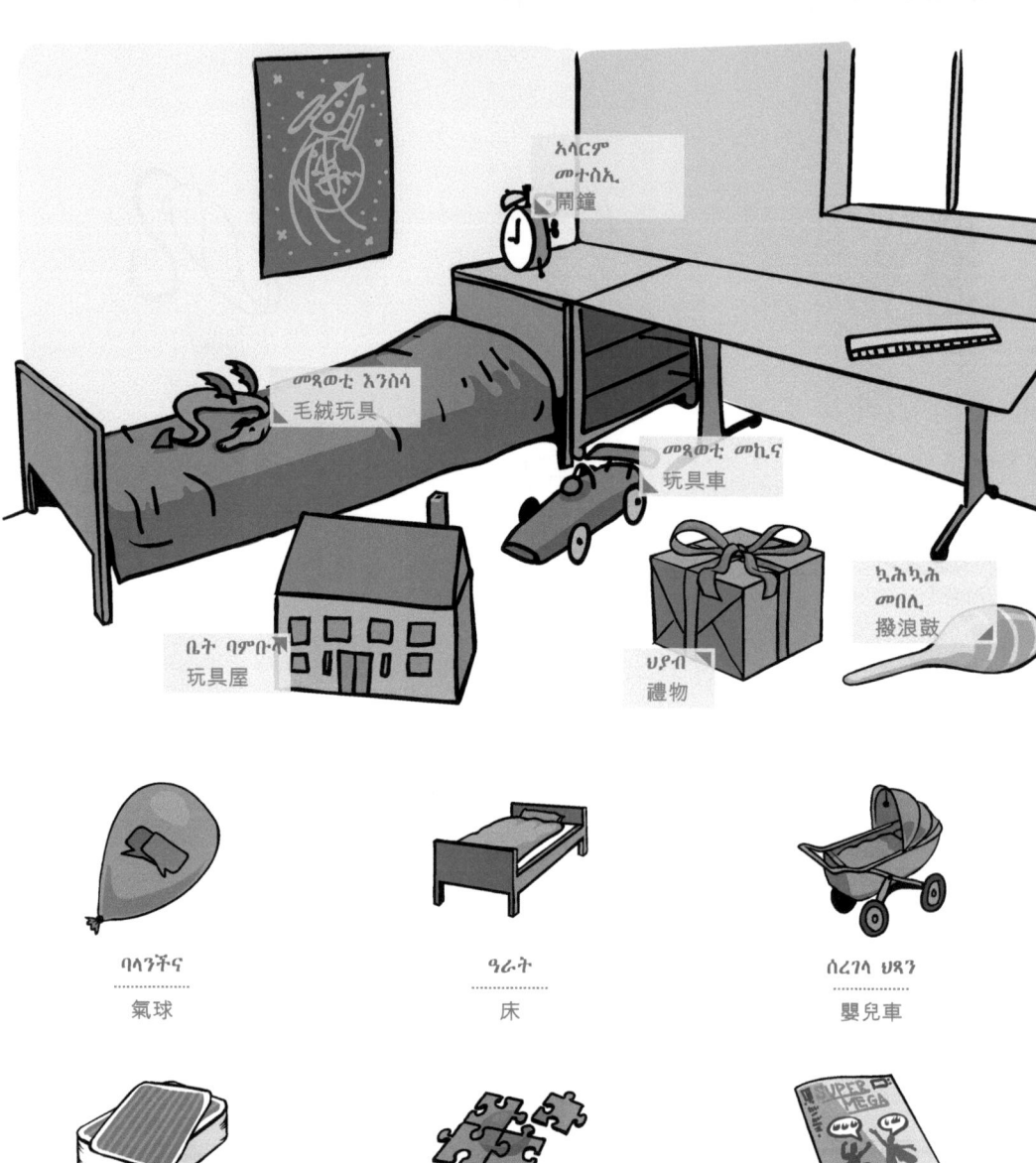

ክፍሊ ቆልዑ

兒童房

መተስኢ
鬧鐘
መጻወቲ እንስሳ
毛絨玩具
መጻወቲ መኪና
玩具車
መበሊ
撥浪鼓
ቤት ባምቡላ
玩具屋
ህያብ
禮物

ባላንችና
....
氣球

ዓራት
....
床

ሰረገላ ህጻን
....
嬰兒車

ጸወታ ካርታ
....
撲克牌

ሕንቅሊተይ
....
拼圖

ኮሚዲ
....
漫畫

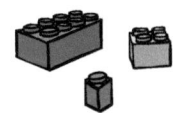

እምንታት መጻወቲ ለጎ

樂高積木

መጻወቲ እምንታት

積木玩具

በዓል አክቾን

公仔

ክዳን ማማይ

嬰兒服

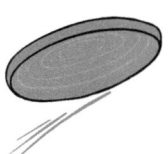

ፍሪስቢ

飛盤

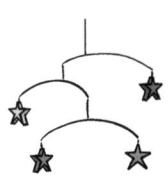

ሞባይል ማማይ

床鈴玩具

ጸወታ ሰሌዳ

棋盤遊戲

ኩቦ

骰子

ሞደል ባቡር ምድሪ

火車模型

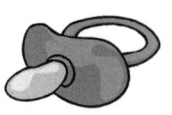

ዓባስ

安撫奶嘴

ፓርቲ

派對

መጽሓፍ ስእሊ

繪本

ኩዕሶ

球

ባምቡላ

洋娃娃

ተጻወተ

玩

መጻወቲ ሑጻ

沙坑

ሰላል

鞦韆

መጻወቲታት

玩具

ኮንሶል ቪድዮ

電玩遊戲

መጻወቲ ሰለስተ መንኮርኮር

三輪車

ተዲ

泰迪熊

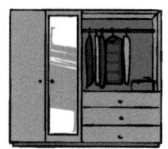

ክብሒ ክዳን

衣櫃

ክዳን

衣服

ካልስታት

襪子

ነዊሕ ካልስታት

長襪

ስረ ካልሲ

緊身褲

ሻርባ
圍巾

ጽላላ
雨傘

ማልያ
T恤

ቁልፊ
皮帶

ረፋዕ
靴子

ጫማ ገዛ
拖鞋

ስኒከርስ
運動鞋

ሻበጥ
....
涼鞋

ጫማ
....
鞋

ረፋዕ ጎማ
....
雨靴

ሙታንታ
....
內褲

ክዳን ጡብ
....
胸罩

ትሕተ ካሚቻ
....
背心

ክዳን - 衣服

ቦዲ

身體

ስረ

褲子

ጂንስ

牛仔褲

ቀምሽ

短裙

ካምቻ

女式襯衫

ካሚቻ

襯衫

ጉልፎ

套頭衫

ጎልፎ

連帽上衣

ጃኬት

西裝夾克

ጃከት

夾克

ጁባ

外套

ክዳን ዝናብ

雨衣

ኮስቱም

套裝

ቀምሽ

連衣裙

ቀምሽ መርዓ

婚紗

ልብሲ

西裝

ካሚቻ ለይቲ

睡袍

ክዳን ለይቲ

睡衣

ሳሪ

莎麗

መሃረብ ርእሲ

頭巾

ቱርባን

包頭巾

ቡርካ

波卡

ካፍታን

卡夫坦

ኣባያ

(阿拉伯式)長袍

ክዳን መሕምበሲ

泳衣

ስረ መሕምበሲ

男式泳褲

ሓጺር ስረ

短褲

ክዳን ታዕሊም

運動服

በጃ ክዳን

圍裙

ጓንቲ

手套

መልጎም

鈕扣

መነጽር

眼鏡

በንናጅር

手鏈

ማዕተብ

項鍊

ቀለበት

戒指

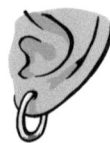

ኩትሻ

耳環

ቆብዕ

便帽

መንበሪ ጁባ

衣架

ባርነጣ

帽子

ካርራቫት

領帶

ሻርነጣ

拉鍊

ሀልመት

安全帽

መድልደል ስረ

背帶

ድቢዛ ቤትትምህርቲ

校服

ድቢዛ

制服

ሰደርያ ቆልዓ

圍兜

ዓባስ

安撫奶嘴

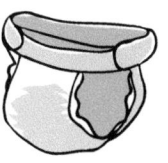

ጨርቂ ማማይ

尿布

ቤት ጽሕፈት
辦公室

ሰርቨር
伺服器
ከብሒ ሰነድ
檔案櫃
ወረቐት
紙
ፕሪንተር
印表機
螢幕
ጣውላ
ምጽሓፍ
滑鼠
資料夾
ኪቦርድ
鍵盤
ጎሓፍ ወረቐት
廢紙簍
ኮምፒተር
電腦
መንበር
椅子

ብርጭቆ ቡን

咖啡杯

ካልኩለተር

計算機

ኢንተርነት

網際網路

ለፕቶፕ

筆記型電腦

ደብዳበ

信件

መልእኽቲ

簡訊

ሞባይል

行動電話

ነትወርክ/መርበብ

網路

መቅድሒ ፎቶኮፒ

影印機

ሶፍትዌር

軟體

ተለፎን

電話

ሶከት ኳረንቲ

插座

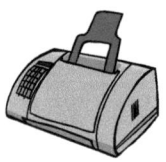

ፋክስ

傳真機

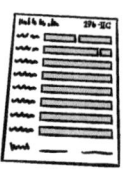

ፎርም

表格

ሰነድ

檔案

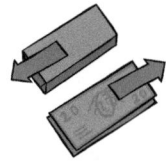

ገዝአ

買

ከፈለ

付錢

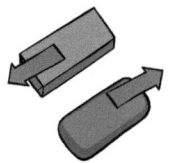

ንግዲ

交易

ገንዘብ

現金

ዶላር

美元

ኦይሮ

歐元

የን

日元

ሩብል

盧布

ስዊዝ ፍራንክን

瑞士法郎

ረንሚንቢ ዩዋን

人民幣

ሩፕየ

盧比

መውጽኢ ማሺን ገንዘብ

提款處

ቦታ ቅያር ገንዘብ

外幣兌換處

ወርቂ

金

ብሩር

銀

ዘይቲ

石油

ሓይሊ

能源

ዋጋ

價格

ውዕል

合約

ቀረጽ

稅金

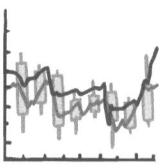

እኩብ ጥረ-ነገራት

股票

ስርሐ

工作

ሰራሕተኛ

職員

ኣስራሒ

老闆

ትካል

工廠

ዱኳን

商店

ሞያታት
職業

በዓል ፖሊስ
警官
መጠፊኢ ሓዊ
消防員
ከሻኒ
廚師
ሓኪም
醫師
መራሒ ነፋሪት
飛行員

ሰራሕተኛ ጀርዲን
園丁

ጸራቢ ዕንጸይቲ
木匠

ሰፋይት
裁縫

ፈራዳይ
法官

ቀማሚ
化學家

ተዋሳኢ
演員

መራሒ ኣዉቶቡስ

公車司機

ኣውቲስታ ታክሲ

計程車司機

ገፋፊ ዓሳ

漁夫

ጸራጊት

清洗女工

ሃናጻይ ናሕሲ

屋頂工

ኣሰላፊ

服務生

ሃዳናይ

獵人

ሰኣላይ

畫家

እንዳ ሕብስቲ

麵包師

ኤለትሪከኛ

電工

ሃናጺ ኣባይቲ

建築工人

ሃንዳሲ

工程師

ሰራሕተኛ እንዳ ስጋ

屠夫

ድራብሊኮ

水管工

ኣማላላሲ ፖስጣ

郵差

ወተሃደር

士兵

መሃንድስ

建築師

ተሓዝ ገንዘብ

收銀員

ሰራሕተኛ ዕምባባ

花農

ቀምቃማይ

理髮師

ፈተሪኖ

售票員

መካኒክ

機械技師

መራሒ መርከብ

船長

ሓኪም ስኒ

牙醫

ተመራማሪ

科學家

ራቢ

拉比

ኢማም

伊瑪目

ፈላሲ

和尚

ቀሺ

牧師

ናውቲ

工具

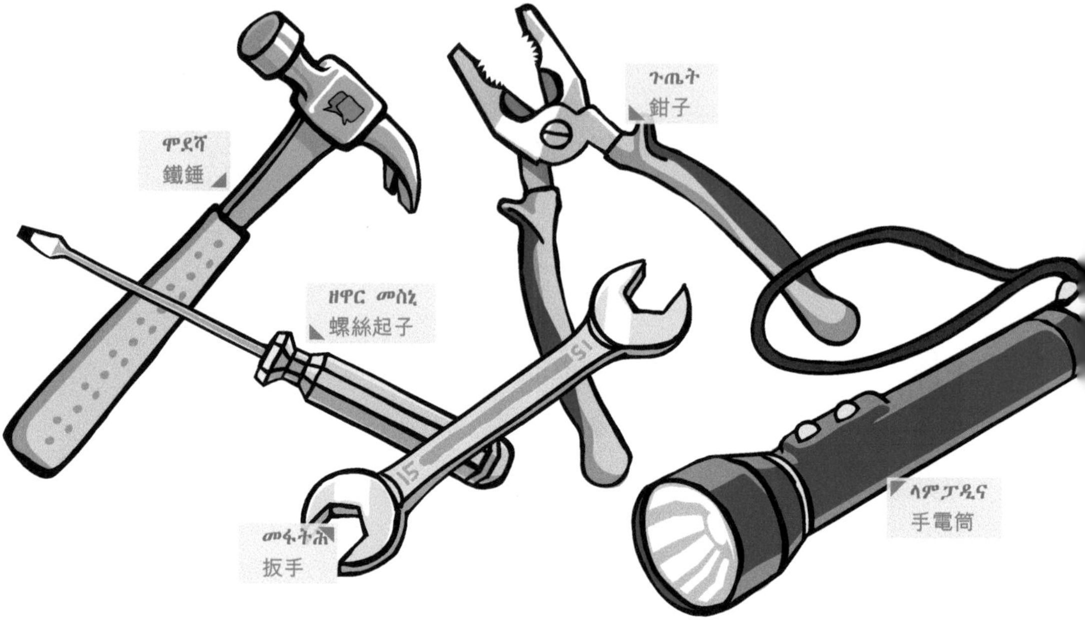
ሞደሻ
鐵錘
ጉጠት
鉗子
ዘዋር መስኒ
螺絲起子
መፋትሕ
扳手
ላምፓዲና
手電筒

ፈሓሪ

挖掘機

ናውቲ ቦክስ

工具箱

መደያይቦ

梯子

መጋዝ

鋸子

መስማር

釘子

ኰዓቲ

鑽機

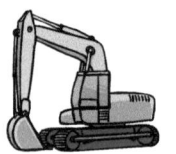

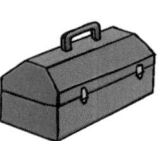

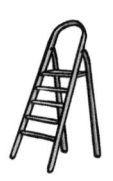

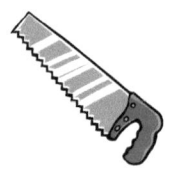

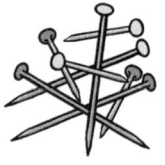

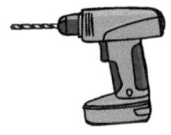

ምዕራይ
修

ባደላ
鏟子

አይ!
糟糕！

መትሓዚ ዶሮና
畚箕

ድስቲ ቀለም
油漆桶

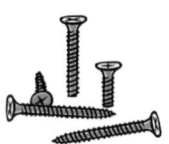

ካቾቢተ
螺絲

መሳርሒ ሙዚቃ
樂器

እስፒከር
揚聲器

ከቦrታት
打擊樂器

ጊታር
吉他

ረጉድ ዓባይ ጊታር
低音提琴

ትሮምፔት
小號

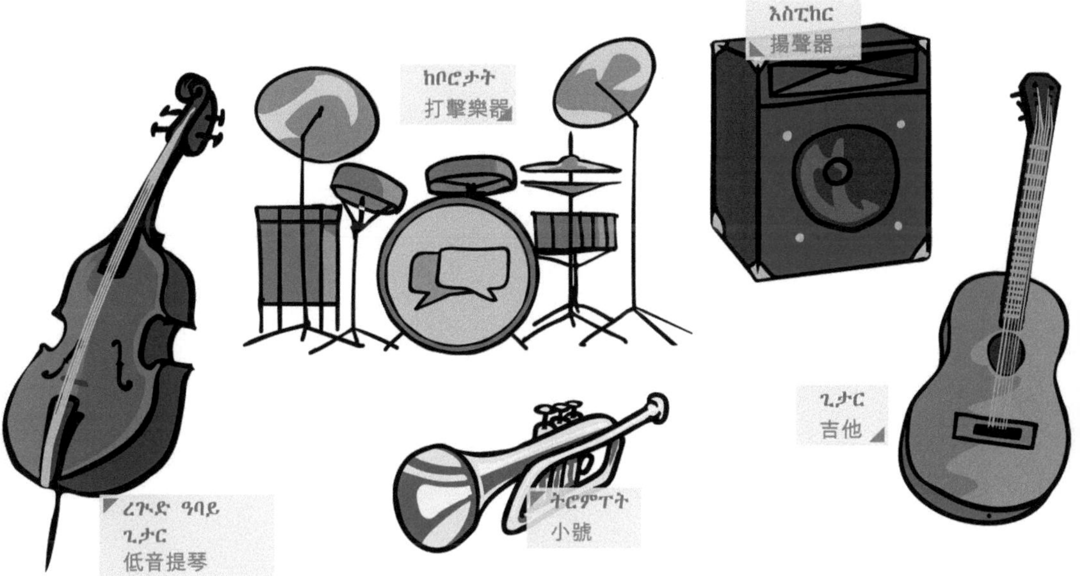

ፒያኖ

鋼琴

ቪዮሊን

小提琴

ባስ ጊታር

貝斯

ቲምንኢ

定音鼓

ከቦሮ

鼓

ኦርጋን

電子琴

ሳክሶፎን

薩克斯風

ሻምብቆ

長笛

ሚክሮፎን

麥克風

መካነ እንስሳታት

動物園

老虎
入口
ጎብያ
籠子
ኣድጊ በረኻ
斑馬
መግቢ እንስሳ
ፓንዳ
熊貓

እንስሳታት

動物

ሓርማዝ

大象

ካንጋሩ

袋鼠

ሓሪሽ

犀牛

ጉሪላ

大猩猩

ድቢ

熊

ገመል

駱駝

ሰገን

駝鳥

ኣንበሳ

獅子

ህበይ

猴子

ፍላሚንጎ

紅鶴

ሕንጻይ

鸚鵡

ድቢ በረድ

北極熊

ፐንጉን

企鵝

ከልቢ ዓሳ

鯊魚

ጣውስ

孔雀

ተመን

蛇

ሓርገጽ

鱷魚

ሓላዊ ቤት ገርድሽ

動物園管理員

ዓሳ ዚምገብ እንስሳ ባሕሪ

海豹

ጃጓር

美洲豹

ሓጺር ፈረስ

矮種馬

ነብሪ

豹

ጕማረ

河馬

ጂራፍ

長頸鹿

ሊላ

老鷹

መፍለስ

野豬

ዓሳ

魚

ጎብየ

龜

ዋልሩስ

海象

ወኻርያ

狐狸

ሰስሓ

羚羊

ናይ አሜሪካ ኩዕሶ እግሪ
橄欖球

ምዝዋር ብሽግለታ
騎腳踏車

ተኒስ
網球

ባስከትባል
籃球

ምሕምባስ
游泳

ቦክሲንግ
拳擊

ሖኪ በረድ
冰球

ኩዕሶ እግሪ
美式足球

ባድሚንቶን
羽毛球

እስፖርታዊ ንጥፈታት
田徑

ኩዕሶ ኢድ
手球

ስኪ
滑雪

ፖሎ
馬球

ነጠረ
跳
擁抱
笑
ከደ
走路
唱
做夢
ጸለየ
祈禱
ሰዓመ
親吻

ጸሓፈ
書寫

ሰኣለ
畫

ኣርኣየ
展示

ደፍአ
推

ሃበ
給

ወሰደ
拿

ኣለወ

有

ገበረ

做

ኮነ

當

ጠጠው በለ

站

ጎየየ

跑

ሰሓበ

拉

ሰንደወ

丟

ወደቐ

摔倒

ሓሰወ

躺

ተጸበየ

等待

ሰከም

攜帶

ኮፍ በለ

坐

ተኸድነ

穿衣

ደቀሰ

睡覺

ተስአ

醒來

ረአየ

看

በኸየ

哭

ብኣጻብዑ ደረዘ

擊

መሸጠ

梳頭

ተዛረበ

交談

ተረድአ

明白

ሓተተ

問

ሰምዐ

聽

ሰተየ

喝

በልዐ

吃

ኣቐመጠ

清理

ኣፍቀረ

愛

ከሸነ

做飯

ዘወረ

開車

ነፈረ

飛

ብመርከብ ገየሸ

航行

ደመረ

計算

ኣንበበ

讀

ተመሃረ

學習

ሰርሐ

工作

መርዓወ

結婚

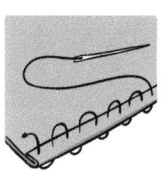

ሰፈየ

縫

ጽሬት ኣስናን

刷牙

ቀተለ

殺

ሽጋራ ተከኸ

抽菸

ሰደደ

寄

ግባየ
祖母

አቦሓጎ
祖父

አቦ
父親

አደ
母親

ማማይ
嬰兒

ጓል
女兒

ወዲ
兒子

ጋሻ

客人

ሓትኖ

阿姨

አኮ

叔叔

ሓው

兄弟

ሓፍቲ

姐妹

ኣካላት

身體

ግንባር
前額
ዓይኒ
眼睛
መንኩብ
肩膀
手指
ገጽ
臉
መንከስ
下巴
ኢድ
手
ሽፉን እግሪ
腿
乳房
ምናት
手臂

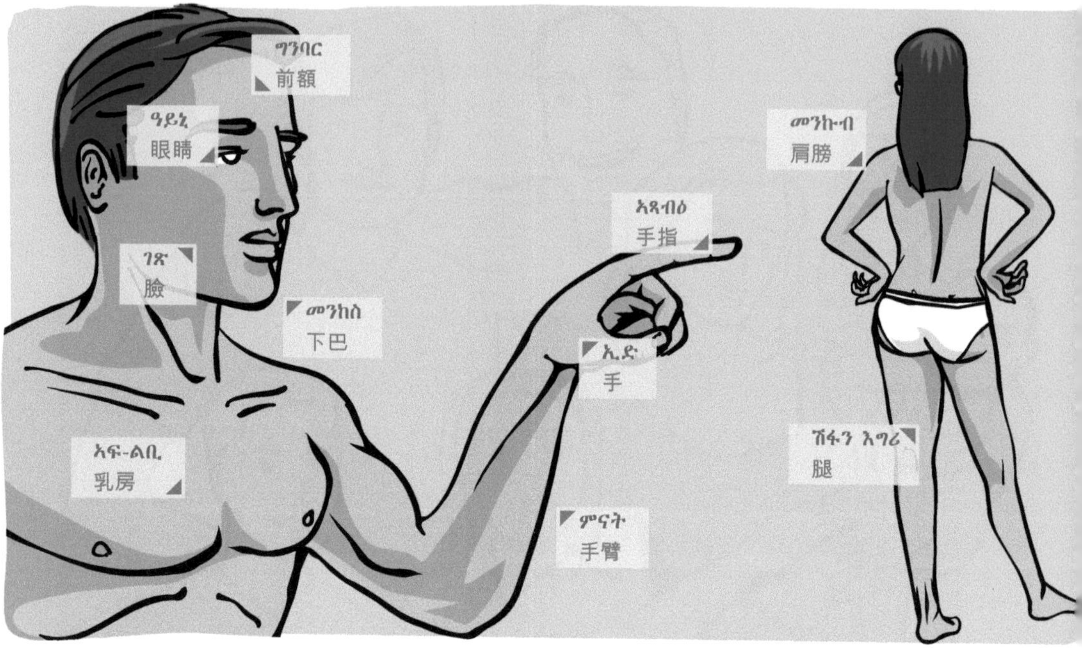

ማማይ

嬰兒

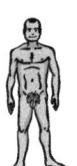

ሰብኣይ

男人

ሰበይቲ

女人

ጓል

女孩

ወዲ

男孩

ርእሲ

頭

ሕቖ

背部

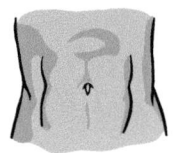

ከስዐ

肚子

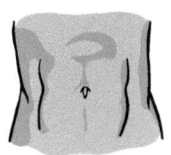

ሕምብርቲ

肚臍

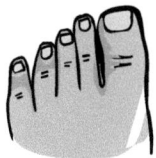

ኣጻብዕ እግሪ

腳趾

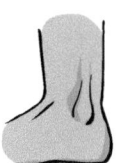

ኩርኾረ

腳後跟

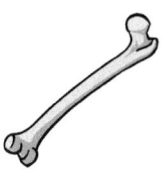

ዓጽሚ

骨頭

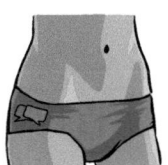

ምሕኵልቲ

臀部

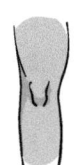

ብርኪ

膝蓋

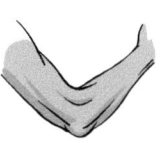

ፎግፎጎ

手肘

ኣፍንጫ

鼻子

መዓኮር

屁股

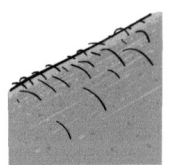

ቆርበት

皮膚

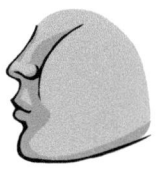

ምዕጉርቲ

臉頰

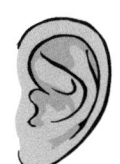

እዝኒ

耳朵

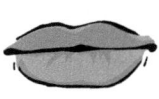

ከንፈር

嘴唇

ኣፍ

嘴

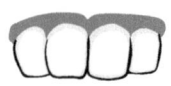

ስኒ

牙齒

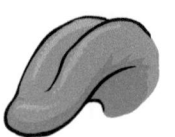

መልሓስ

舌頭

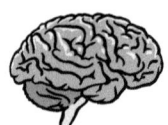

ሓንጎል

腦

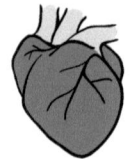

ልቢ

心臟

ጭዋዳ

肌肉

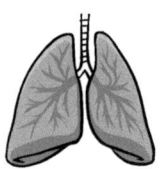

ሳንቡእ

肺

ጸላም ከብዲ

肝臟

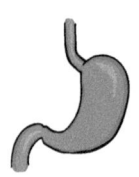

ከብዲ

胃

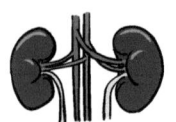

ኰሊት

腎臟

ግብረ ስጋ

性交

ኮንዶም

保險套

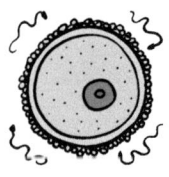

እንቋቑሖ

卵子

ዘርኢ ተባዕታይ

精子

ጥንሲ

懷孕

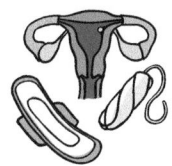

ጽግያት

月事

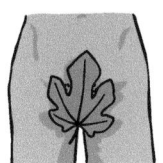

ርሕሚ

陰道

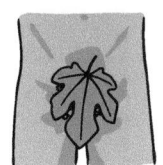

መትሎ

陰莖

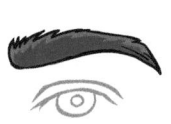

ሽፋሽፍቲ

眉毛

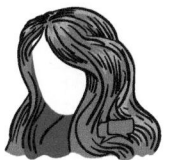

ጸግሪ

頭髮

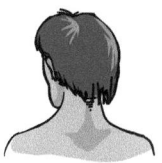

ክሳድ

脖子

ሆስፒታል

醫院

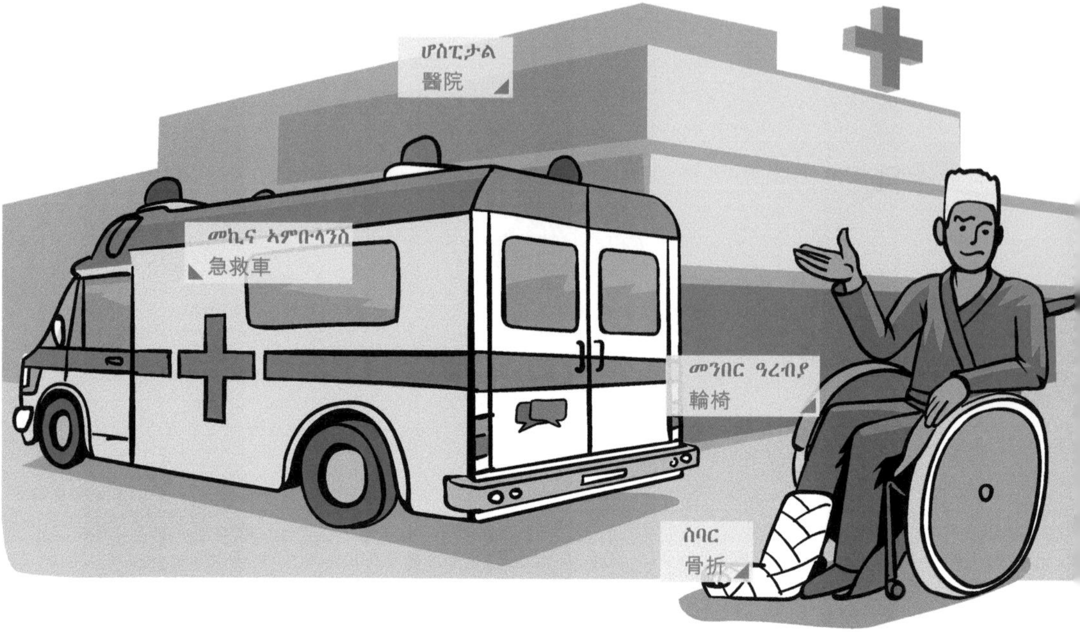

መኪና ኣምቡላንስ
急救車
መንበር ዓረብያ
輪椅
ስባር
骨折

ሓኪም

醫師

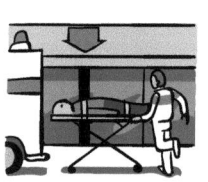

ክፍሊ ህጹጽ ረድኤት

急診室

ኣላይት

護理師

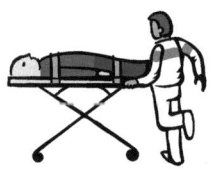

ህጹጽ ኩነት

緊急情形

ውነኡ ዘጥፍአ

昏迷

ቃንዛ

痛

ጉድኣት

受傷

ደም

出血

ማህረምቲ

心臟病發作

ማህረምቲ

中風

ኣለርጂ

過敏

ሰዓል

咳嗽

ረስኒ

發燒

ኢንፍልወንዛ

流感

ውጽኣት

腹瀉

ቃንዛ ርእሲ

頭痛

መንሽሮ

癌症

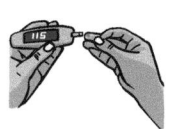

ሹኮርያ

糖尿病

ሓኪም መጥባሕቲ

外科醫師

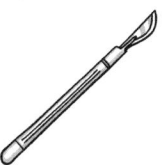

መጥብሒ

手術刀

መጥባሕቲ

手術

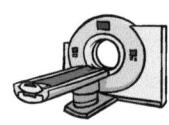

CT

電腦斷層掃描

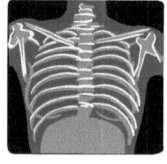

ራጂ

X光

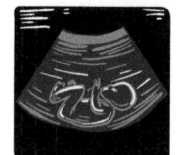

ልዕለ ድምጻዊ

超音波

መሸፈኒ ገጽ

口罩

ሕማም

疾病

ክፍሊ ምጽባይ

候診室

ምርኩስ

拐杖

መጀነኒ ቑስሊ

石膏

መጀነኒ

繃帶

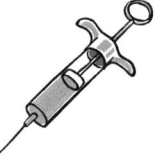

መርፍዕ ምውጋእ

注射

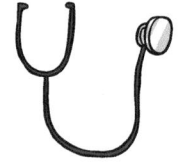

ስተቶስኮፕ

聽診器

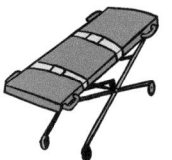

መሰከሚ ሕማም

擔架

ቴርሞመተር

體溫計

ትውልዲ

出生

ልዕለ-ሚዛን

超重

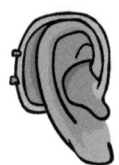

ሓገዝ ምስማዕ

助聽器

ኣንጻሂ

消毒液

ልበዳ

感染

ቫይረስ

病毒

ኤድስ

愛滋病

ሕክምና

藥物

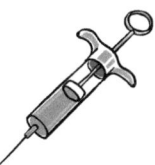

ክታበ

接種疫苗

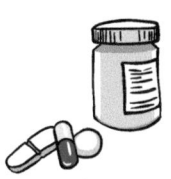

ከኒና

藥片

ከኒና

藥丸

ህጹጽ ምድዋል

急救電話

መዕቀኒ ጸቕጢ ደም

血壓計

ሕሙም / ጥዑይ

生病/健康

ህጹጽ ኩነት

緊急情形

ሓገዝ

救命！

ኣላርም

警報

ምህጃም

突擊

መጥቃዕቲ

攻擊

ድንገት

危險

ህጹጽ መውጽኢ

緊急出口

ሓዊ!

失火了！

መጥፍኢ ሓዊ

滅火器

ሓደጋ

意外

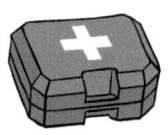

ሳንጣ ቀዳማይ ረድኤት

急救箱

SOS

呼救訊號

ፖሊስ

員警

ኤውሮጳ

....

歐洲

ሰሜን ኣመሪካ

....

北美洲

ደቡብ ኣመሪካ

....

南美洲

ኣፍሪቃ

....

非洲

ኤስያ

....

亞洲

ኣውስትራልያ

....

澳洲

ኣትላንቲክ

....

大西洋

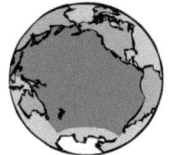

ፓሲፊክ

....

太平洋

ህንዳዊ ውቕያኖስ

....

印度洋

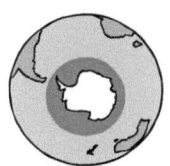

ኣንታርቲካዊ ውቕያኖስ

....

南冰洋

ኣርክቲካዊ ውቕያኖስ

....

北冰洋

ሰሜናዊ ዋልታ

....

北極

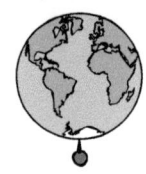

ደቡባዊ ዋልታ

南極

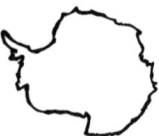

ኣንታርቲካ

南極洲

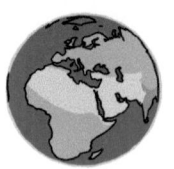

ምድሪ

地球

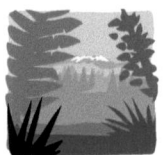

መሬት

陸地

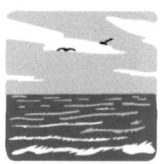

ባሕሪ

海

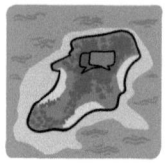

ደሴት

島

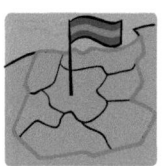

ሃገር

國家

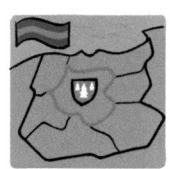

ዓዲ

州

ገጽ ሰዓት

鋿盤

ኣመልካቲ ሰዓታት

時針

ኣመልካቲ ደቓይቕ

分針

ኣመልካቲ ካልኢት

秒針

ሰዓት ክንደይ ኣሎ?

現在幾點？

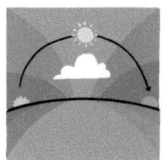

መዓልቲ

天

ግዜ

時間

ሕጂ

現在

ዲጂታል ሰዓት

電子錶

ደቒቕ

分

ሰዓት

時

ሰኑይ 週一 **MO**
ረቡዕ 週三 **W**
ዓርቢ 週五 **FR**
TU ሰሉስ 週二
TH ሐሙስ 週四
ቀዳም 週六 **SA**
SO ሰንበት 週日

ትማሊ
昨天

ሎሚ
今天

ጽባሕ
明天

ንጉሆ
早晨

ቀትሪ
中午

ምሸት
晚上

መዓልታት ስራሕ
工作日

መወዳእታ ሰሙን
週末

ዝናብ
雨
ቀስተ-ደመና
彩虹
ንፋስ
風
በረድ
雪
ጽድያ
春
ሓጋይ
夏
ቀውዒ
秋
ክረምቲ
冬

ትንቢት ኩነታት ኣየር

天氣預告

ቴርሞመተር

溫度計

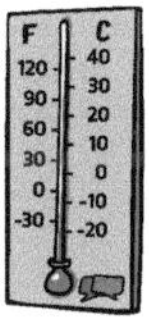

ብርሃን ጸሓይ

陽光

ደበና

雲

ግመ

霧

ጠሊ

潮濕

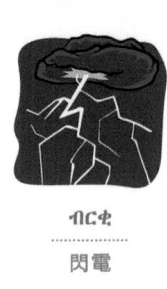

ብርቂ

閃電

ነጐዳ

打雷

ህቦብላ

風暴

በረድ

冰雹

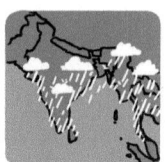

ብርቱዕ ህቦብላ

季風

ውሕጅ

洪水

በረድ

冰

ጥሪ

一月

ለካቲት

二月

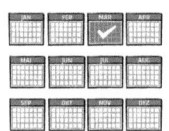

መጋቢት

三月

ሚያዝያ

四月

ጉንበት

五月

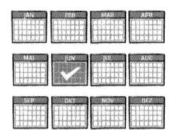

ሰነ

六月

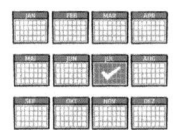

ሓምለ

七月

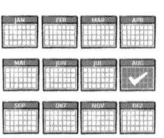

ነሓሰ

八月

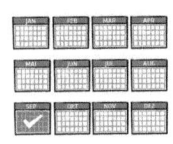

መስከረም

九月

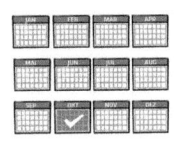

ጥቅምቲ

十月

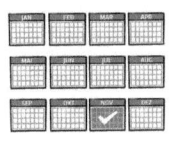

ሕዳር

十一月

ታሕሳስ

十二月

ቅርጽታት
形狀

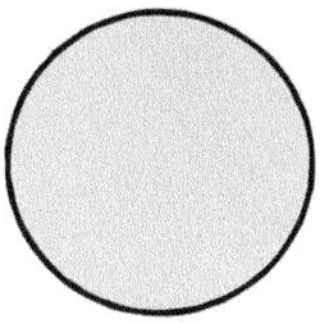

ዙርያ

圓形

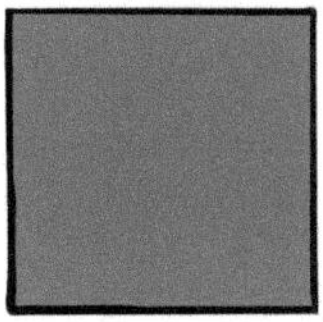

ትርብዒት

正方形

ቅኑዕ ርቡዕ ኩርናዕ

長方形

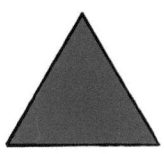

ስሉስ ኩርናዕ

三角形

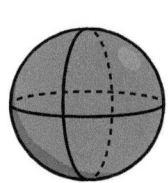

ክቢ

球體

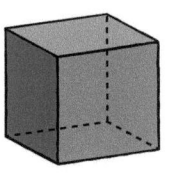

ኩቦ

立方體

ሕብርታት

顏色

ጻዕዳ

白

ብጫ

黃

ኣራንሺ

橙

ፒንክ

粉

ቀይሕ

紅

ጁኽ

紫

ሰማያዊ

藍

ቀጠልያ

綠

ቡናዊ

棕

ሓሙኽሽታይ

灰

ጸሊም

黑

ብዙሕ / ውሑድ

很多/少許

ሕሩቕ / ሰላማዊ

生氣/平靜

ጽቡቕ / ክፉእ

美/醜

መጀመርያ / መወዳእታ

首/尾

ዓቢ / ንእሽቶ

大/小

ብሩህ / ጸልማት

明/暗

ሓው / ሓፍቲ

兄弟/姐妹

ጽሩይ / ርሳሕ

乾淨/骯髒

ምሉእ / ዘይምሉእ

完整/缺失

መዓልቲ / ለይቲ

白天/晚上

ሙዉት / ህልው

死/生

ሰፊሕ / ጸቢብ

寬/窄

ደስ ዘበል / ደስ ዘይብል

可食用/非食用

እኩይ / ህያዋይ

邪惡/善良

ርቡጽ / ስልኩይ

興奮/無聊

ረጊድ / ቀጢን

胖/瘦

ቀዳማይ / ናይ መወዳእታ

第一/最後

ዓርኪ / ጸላኢ

朋友/敵人

ምሉእ / ባዶ

滿/空

ተሪር / ልስሉስ

硬/軟

ከቢድ / ፈኲስ

重/輕

ጥምየት / ጽምየት

餓/渴

ሕሙም / ጥዑይ

生病/健康

ዘይሕጋዊ / ሕጋዊ

非法/合法

መስተውዓሊ / ስዲ

聰明/愚笨

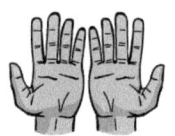

ጸጋም / የማን

左/右

ቐረባ / ርሑቕ

近/遠

86 ኣንጻራት - 反義詞

ሓዲሽ / ብሉይ

....

新/舊

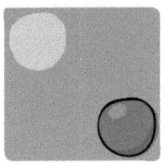

ዋላ ሓደ / ገለ

....

沒有/有些

ዓቢ/ኣረጊት / መንእሰይ

....

老/幼

ወልዕ / ኣጥፍእ

....

開/關

ክፉት / ዕጹው

....

打開/闔上

ህዱእ / ዓው

....

安靜/吵鬧

ሃብታም / ድኻ

....

富/窮

ቅኑዕ / ግጉይ

....

對/錯

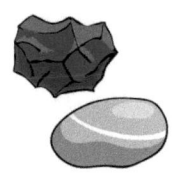

ሓርፋፍ / ልሙጽ

....

粗糙/光滑

ጉሁይ / ሕጉስ

....

傷心/高興

ሓጺር / ነዊሕ

....

短/長

ቀስ / ቅልጡፍ

....

慢/快

ጥሉል / ንቑጽ

....

濕/乾

ምዉቕ / ዝሑል

....

溫暖/涼爽

ውግእ / ሰላም

....

戰爭/和平

ቁጽርታት
數字

0 ዜሮ 零	**1** ሓደ 一	**2** ክልተ 二
3 ሰለስተ 三	**4** ኣርባዕተ 四	**5** ሓሙሽተ 五
6 ሽዱሽተ 六	**7** ሸውዓተ 七	**8** ሸሞንተ 八
9 ትሽዓተ 九	**10** ዓሰርተ 十	**11** ዓሰርተ ሓደ 十一

12

ዓሰርተ ክልተ

十二

13

ዓሰርተ ሰለስተ

十三

14

ዓሰርተ ኣርባዕተ

十四

15

ዓሰርተ ሓሙሽተ

十五

16

ዓሰርተ ሽዱሽተ

十六

17

ዓሰርተ ሸውዓተ

十七

18

ዓሰርተ ሸሞንተ

十八

19

ዓሰርተ ትሽዓተ

十九

20

ዕስራ

二十

100

ሚእቲ

百

1.000

ሽሕ

千

1.000.000

ሚልዮን

百萬

ቋንቋታት

語言

እንግሊዝኛ

英語

ኣመሪካዊ እንግሊዛዊ

美式英語

ቻይናዊ ማንዳሪን

普通話

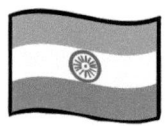

ሂንዳዊ

印地語

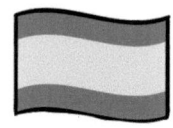

እስጳኛዊ

西班牙語

ፈረንሳዊ

法語

ዓረባዊ

阿拉伯語

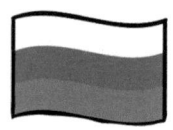

ሩሲያዊ

俄語

ፖርቱጋላዊ

葡萄牙語

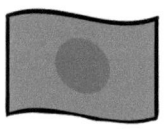

በንጋሊ

孟加拉語

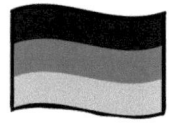

ጀርመናዊ

德語

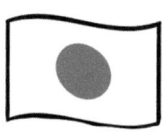

ጃፓናዊ

日語

መን / እንታይ / ከመይ
誰/什麼/如何

ኣነ

我

ንስኻ/ኺ

你

ንሱ / ንሳ / ንሱ

他/她/它

ንሕና

我們

ንስኻ

你們

ንሳቶም

他們

መን?

誰？

እንታይ?

什麼？

ከመይ?

如何？

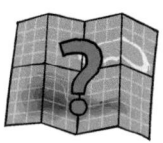

ኣበይ?

何處？

መዓስ?

何時？

HELLO, I AM

ሽም

名字

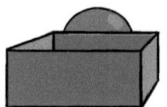

ኣበይ

方位

ድሕሪ

後面

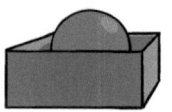

ኣብ

裡面

ኣብ ቅድሚ

前面

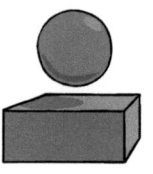

ኣብ ላዕሊ

上方

ኣብ ልዕሊ

上面

ትሕቲ ምድሪ

下麵

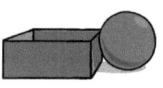

ኣብ ጥቓ

旁邊

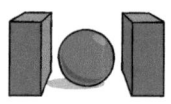

ኣብ መንጎ

中間

ቦታ

地點